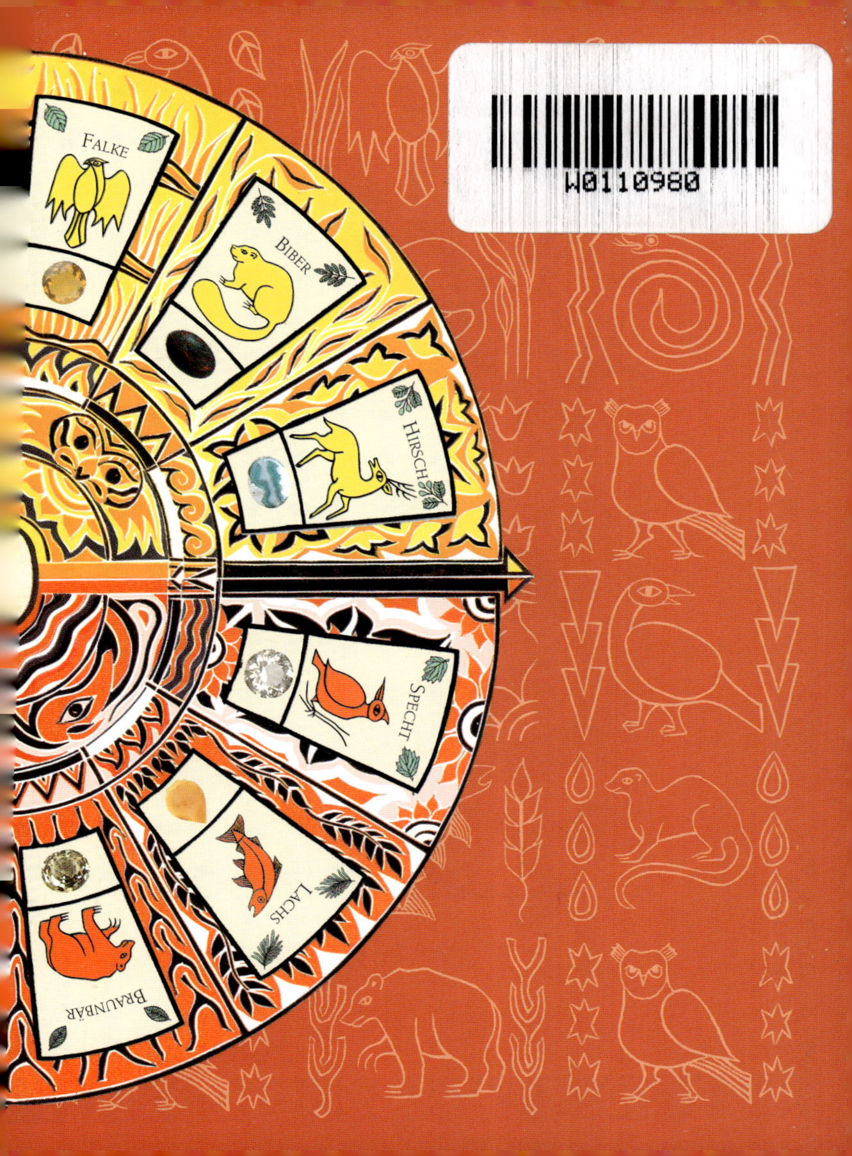
FALKE
BIBER
HIRSCH
SPECHT
LACHS
BRAUNBÄR

Dein persönliches Indianerhoroskop

Krähe

Kenneth Meadows

Illustrationen von Jo Donegan

Bauer
Verlag Hermann Bauer
Freiburg im Breisgau

Die Deutsche Bibliothek – CIP-Einheitsaufnahme

Ein Titeldatensatz für diese Publikation ist bei
Der Deutschen Bibliothek erhältlich

Die amerikanische Originalausgabe erschien 1998 by Dorling Kindersley Limited,
London, unter dem Titel *The Little Library of Earth Medicine*

Konzeptentwicklung: GLS Editorial and Design, London
Redaktion: Jane Laing
Design: Ruth Shane, Luke Herriott
Lektorat: Claire Calman, Terry Burrows, Victoria Sorzano
Illustrationen S. 16, 17, 31: Roy Flooks; S. 38: John Lawrence
Fotoaufnahmen: Mark Hamilton
Fotos S. 8/9, 12, 14/15, 32: American Natural History Museum

Deutsch von Maria Müller, München
Lektorat: Sylvia Schaible

1. Auflage 2000
ISBN 3-7626-0774-5

Satz: Fotosetzerei Scheydecker, Freiburg i. Br.
Druck und Bindung: L. Rex Printing Company Ltd., China
Printed in China

INHALT

EINFÜHRUNG
ERD-MEDIZIN

DIE INDIANER NORDAMERIKAS VERSTEHEN UNTER MEDIZIN KEINE ÄUSSERE SUBSTANZ, SONDERN EINE INNERE KRAFT – SOWOHL IN DER NATUR ALS AUCH IN JEDEM MENSCHEN.

Die Erd-Medizin ist eine einzigartige Methode zur Erstellung eines Persönlichkeitsprofils. Sie beruht auf dem indianischen Verständnis des Universums und den Prinzipien des heiligen Medizinrades.

Die Indianer Nordamerikas glaubten, daß der Geist – wenn auch unsichtbar – die Natur durchdringt, und so war ihnen die ganze Natur heilig. Tiere betrachteten sie als Boten des Geistes. Sie erschienen ihnen auch in Wachträumen und übermittelten Macht und Stärke – die »Medizin«. Wer solche Träume empfing, erwies der Tierart, die ihm erschienen war, seine Ehrerbietung, indem er auf zeremoniellen und Gebrauchsgegenständen ihr Abbild wiedergab.

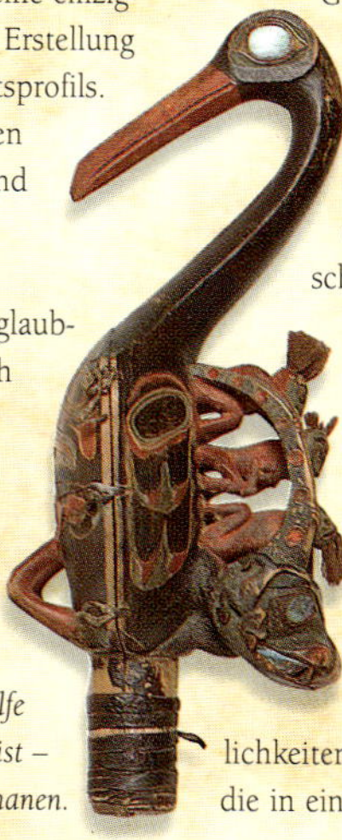

Die Schamanenrassel
Schamanen verbanden sich mit Hilfe von Rasseln mit ihrem inneren Geist – hier die Rassel eines Tlingit-Schamanen.

DIE NATUR IM MENSCHEN

Die indianischen Schamanen – die weisen Männer des Stammes – erkannten Ähnlichkeiten zwischen den Naturkräften, die in einer bestimmten Jahreszeit

»Der Geist hat dir die Möglichkeit geschenkt, in der Schule der Natur zu lernen.« *Lehre der Stoney*

vorherrschten, und den Menschen, die in dieser Zeit geboren wurden. Zudem entdeckten sie, wie die Persönlichkeit von den vier Mondphasen beeinflußt wird, und zwar sowohl bei der Geburt als auch im Laufe des weiteren Lebens. Auch der ständige Wechsel im Energiefluß von Aktiv zu Passiv wirkt sich auf den Menschen aus. Diese Weltsicht ist die Grundlage der Erd-Medizin; mit ihrer Hilfe können wir erkennen, wie die Dynamik der Natur in uns wirkt und wie wir unsere angeborenen, als Potential bereits vorhandenen Stärken entwickeln können.

Tierornament

Für die Anasazi, die dieses Ornament schnitzten, war der Frosch ein Symbol für Anpassungsfähigkeit.

Medizinräder

In den kulturellen Traditionen der Indianer gab es eine Reihe von kreisförmigen Symbolbildern und -objekten. Diese heiligen Kreise wurden Medizinräder genannt – wegen ihrer Ähnlichkeit mit den Speichenrädern der Wagen, die die Siedler ins Herz des Landes brachten, das einst Eigentum der Ureinwohner war. Jedes Medizinrad zeigte die Verbindung zwischen unterschiedlichen Objekten oder Eigenschaften innerhalb eines größeren Ganzen und die Bewegung der verschiedenen Kräfte und Energien darin.

Ein Medizinrad könnte man als das »Meisterrad« betrachten, denn es wies auf das Gleichgewicht der Natur und den besten Weg hin, in Harmonie mit dem Universum und mit sich selbst zu gelangen. Auf diesem Meisterrad baut auch die Erd-Medizin auf (s. S. 10–11).

Festtagsschale

Stilisierte Bären-Schnitzereien schmücken diese Festtagsschale der Tlingit. Bei den Indianern galt der Bär als Symbol für Stärke und Selbständigkeit.

DAS MEDIZINRAD

Das äußere Rad ist in zwölf Geburtszeiten aufgeteilt. Jede hat ihr eigenes Tiertotem und eine Affinität zu einem ganz bestimmten Stein, einem Baum und zu einer Farbe. An der Nabe des Rades liegt – umgeben von Darstellungen der Elemente, der Himmelsrichtungen und des Energieflusses – das Wakan-Tanka, das Symbol der unsichtbaren Energien, die in der physischen Realität Gestalt annehmen.

Jahreszeit der Geburt
Jeder der zwölf Abschnitte des Rades steht in Bezug zu einer bestimmten Zeit des Jahres (s. S. 12–13).

Wakan-Tanka
Mit diesem mächtigen Symbol stellten manche Stämme Energie dar, die Form annimmt (s. S. 24).

Stein-Affinität
Jeder Geburtszeit entspricht ein bestimmter Stein (s. S. 14–15).

Baum-Affinität
Jede Geburtszeit hat einen Bezug zu einer bestimmten Baumart (s. S. 14–15).

Geburtstotem
Jede Geburtszeit wird durch ein Tiertotem verkörpert (s. S. 16–17).

Richtungstotem
Jede Geburtszeit steht unter dem Einfluß einer der vier Himmelsrichtungen (s. S. 18–19).

Grundelement
Jede Geburtszeit wird grundlegend von einem der vier Elemente beeinflußt (s. S. 20–21).

Elementaspekt
Jede Geburtszeit hat ihren eigenen Elementaspekt (s. S. 20–21).

Energiefluß
In jeder Geburtszeit fließt Energie im Wechsel zwischen Aktiv und Rezeptiv (s. S. 24).

DIE ZWÖLF GEBURTSZEITEN

DIE STRUKTUR DES MEDIZINRADES BAUT AUF DEN JAHRESZEITEN AUF UND SPIEGELT SO DEN MÄCHTIGEN EINFLUSS DER NATUR AUF DIE PERSÖNLICHKEIT DES MENSCHEN WIDER.

Das Medizinrad unterteilt die menschliche Natur in zwölf Persönlichkeitstypen; jeder Typ entspricht der Natur zu einer bestimmten Zeit des Jahres. Das Medizinrad ist eine Art Landkarte, mit deren Hilfe wir unsere Stärken und Schwächen, unsere inneren Triebe, instinktiven Verhaltensweisen und auch unser wahres Potential entdecken können.

Grundlage dieser Struktur sind die vier Jahreszeiten, unterteilt durch Winter- und Sommersonnenwende sowie Frühlings- und Herbst-Tagundnachtgleiche. Jede Jahreszeit steht als Metapher für eine Phase der menschlichen Entwicklung. Der Frühling ähnelt der Kindheit, dem neuen Leben. Der Sommer entspricht der Überschwenglichkeit der Jugend und dem raschen Wachstum. Der Herbst wiederum steht für die Fülle und Erfüllung des reifen Lebens als Erwachsener, während der Winter die angesammelte Weisheit symbolisiert, auf die wir später im Leben zurückgreifen können.

Jahreszeiten-Riten

Bei der Zeremonie zur Wintersonnenwende trugen die Irokesen Masken aus geflochtenen Maishülsen. Sie stimmten sich im Tanz auf die Energien ein, die für eine gute Ernte sorgen sollten.

Jede der vier Jahreszeiten im Medizinrad wird wiederum in drei Perioden unterteilt, so daß insgesamt zwölf Abschnitte entstehen. Die Zeit der Geburt bestimmt die Richtung, aus der wir das Leben wahrnehmen, und die Eigenschaften

Die zwölf Zeitabschnitte

der Natur in dieser Jahreszeit spiegeln sich in der Kernpersönlichkeit wider.

Jeder der zwölf Zeitabschnitte – oder jede Geburtszeit – wird nach einer Eigenschaft, einem besonderen Kennzeichen des Jahreszyklus benannt. So heißt etwa die Zeit nach der Frühlings-Tagundnachtgleiche Zeit des Erwachens, denn jetzt ist neues Wachstum angesagt; die Zeit nach der Herbst-Tagundnachtgleiche verdankt ihren Namen den fallenden Blättern, die für sie so charakteristisch sind.

DIE BEDEUTUNG DER TOTEMS

DIE INDIANER NORDAMERIKAS GLAUBTEN, DASS TOTEMS – ALSO TIERSYMBOLE – ESSENTIELLE WAHRHEITEN UND DIE VERBINDUNG ZU DEN KRÄFTEN DER NATUR VERKÖRPERN.

Ein Totem ist ein Tier bzw. ein natürliches Objekt, das wie ein Emblem bestimmte typische Eigenschaften verkörpert. Für die Indianer waren Tiere, deren Verhalten vorhersehbar ist, besonders hilfreich für die Kategorisierung von menschlichen Verhaltensmustern.

Ein Totem spiegelt bestimmte Aspekte der Persönlichkeit wider und ist ein Schlüssel zum intuitiven Wissen, das jenseits allen intellektuellen Denkvermögens liegt. Ein Totem kann geschnitzt oder auf andere Art gestaltet sein, ein Bildnis oder z.B. ein Stück Fell, eine Feder, ein Knochen, ein Zahn oder eine Klaue. Es dient als unmittelbare Verbindung zu den Energien, für die es steht. Deshalb ist ein Totem wirksamer als etwa eine Skulptur oder ein Symbol, um die nicht-physischen Mächte und gestaltenden Kräfte zu verstehen.

HAUPTTOTEMS

In der Erd-Medizin gibt es drei Haupttotems: ein Geburtstotem, ein Richtungstotem und ein Elementtotem. Das *Geburtstotem* verkörpert die Grundeigenschaften eines Menschen; sie entsprechen den dominanten Aspekten der Natur zur Zeit seiner Geburt.

Alle zwölf Geburtstotems, die sich jeweils auf eine bestimmte Geburts-

Symbol der Stärke

In den Griff dieses Messers der Tlingit sind der Kopf eines Raben und eines Bären geschnitzt, Symbole der Einsicht und Stärke.

zeit beziehen, werden auf den Seiten 16–17 beschrieben.

Mit dem *Richtungstotem* stimmen wir uns auf die inneren Sinne ein, die über die Hauptantriebskraft unserer Bemühungen bestimmen. Jede der vier Jahreszeiten auf dem Medizinrad entspricht einer der vier Himmelsrichtungen, und jede Himmelsrichtung wird wiederum durch ein Totem verkörpert. So wird z.B. der Frühling mit dem Osten gleichgesetzt, wo die Sonne aufgeht. Er steht für eine neue Sicht der Dinge; sein Totem ist der Adler. Die vier Richtungstotems werden auf den Seiten 18–19 erläutert.

Siegertotem
Häuptlinge oder Krieger der Fox-Indianer trugen ein Halsband aus Bärenklauen.

Das *Elementtotem* steht in einem Bezug zu instinktiven Verhaltensweisen. Die Grundeigenschaften der vier Elemente – Feuer, Wasser, Erde und Luft – sowie ihre Totems werden auf den Seiten 20–21 ausführlich erklärt.

Drei Affinitäten

Jede Geburtszeit hat außerdem eine Affinität zu einem bestimmten Stein, einem Baum und einer Farbe (s. S. 36–41). Über diese drei Affinitäten läßt sich in schwierigen Zeiten neue Kraft schöpfen.

»Wenn ein Mensch Erfolg haben will, sollte er sich nicht von seinen Neigungen leiten lassen, sondern von seinem Wissen um das Wesen der Tiere …« *Lehre der Teton-Sioux*

DIE ZWÖLF GEBURTSTOTEMS

JEDE DER ZWÖLF GEBURTSZEITEN WIRD DURCH EIN TOTEM VERKÖRPERT – DURCH EIN TIER, DAS DIE FÜR SIE TYPISCHEN EIGENSCHAFTEN AM BESTEN ZUM AUSDRUCK BRINGT.

Die Erd-Medizin verbindet mit jeder Geburtszeit ein Totem. Jeder Abschnitt umfaßt zwei Zeitspannen – für die nördliche und die südliche Hemisphäre. Diese Totemtiere unterstützen die Verbindung zu den jeweiligen Kräften und Fähigkeiten, für die sie stehen. Eine detaillierte Beschreibung des Krähen-Geburtstotems findet sich auf den Seiten 28–29.

FALKE

21. März – 19. April (N. Hem.)
22. Sept. – 22. Okt. (S. Hem.)

Falken ergreifen gern die Initiative, sind aber mit ihren Entschlüssen oft etwas voreilig, so daß sie sie später bedauern. Sie sind lebhaft und extrovertiert und lassen sich leicht für neue Erfahrungen begeistern, aber manchmal fehlt es ihnen an Durchhaltevermögen.

BIBER

20. April – 20. Mai (N. Hem.)
23. Okt. – 22. Nov. (S. Hem.)

Biber sind praktisch veranlagt und beständig, zudem ziemlich ausdauernd und beharrlich. Sie sind gut im Haushalt, voller Wärme und Zärtlichkeit, brauchen jedoch Harmonie und Frieden, um nicht reizbar zu werden. Sie haben einen stark ausgeprägten Sinn für Ästhetik.

HIRSCH

21. Mai – 20. Juni (N. Hem.
23. Nov. – 21. Dez. (S. Hem

Der Hirsch ist bereit, das Alte dem Neuen zu opfern. Er verabscheut jegliche Routine, blüht auf bei Abwechslung und Herausforderungen. Hirsche haben auch eine wilde Seite, sie sind sprunghaft und stürzen sich oft unüberlegt von einer Sache oder Beziehung in die nächste.

SPECHT

21. Juni – 21. Juli (N. Hem.)
22. Dez. – 19. Jan. (S. Hem.)

Mit ihrer Emotionalität und Sensibilität bringen Spechte ihnen nahestehenden Menschen viel Wärme entgegen, stellen auch bereitwillig ihre Bedürfnisse gegenüber deren Wünschen zurück. Sie haben eine lebhafte Phantasie, neigen aber auch dazu, sich zu viele Sorgen zu machen.

LACHS

22. Juli – 21. August (N. Hem.)
20. Jan. – 18. Febr. (S. Hem.)

Lachs-Geborene sind begeisterungsfähig und voller Selbstvertrauen. Sie haben gern das Sagen, sind kompromißlos und voller Kraft; manchmal wirken sie ein wenig arrogant oder nehmen sich selbst zu wichtig. Wenn sie sich vernachlässigt fühlen, sind sie schnell verletzt.

BRAUNBÄR

22. Aug. – 21. Sept. (N. Hem.)
19. Febr. – 20. März (S. Hem.)

Braunbären sind hart arbeitende, praktisch veranlagte und selbstbewußte Menschen. Wandel und Veränderung mögen sie nicht besonders; sie halten sich lieber an Altbekanntes und Vertrautes. Braunbär-Geborene bringen gern Dinge in Ordnung; sie sind gutmütig und gute Freunde.

KRÄHE

22. Sept. – 22. Okt. (N. Hem.)
21. März – 19. April (S. Hem.)

Krähen sind nicht gern allein, sondern fühlen sich in Gesellschaft am wohlsten. Normalerweise sind sie gutmütige und angenehme Zeitgenossen, doch in einer negativen Atmosphäre werden sie leicht kratzbürstig und trübselig.

SCHLANGE

23. Okt. – 22. Nov. (N. Hem.)
20. April – 20. Mai (S. Hem.)

Im Zeichen der Schlange Geborene sind verschlossene, mysteriöse Menschen, die ihre Gefühle hinter einem kühlen Äußeren verbergen. Dank ihrer Anpassungsfähigkeit, Entschlußkraft und Phantasie kommen sie auch in schwierigen Lebenssituationen immer wieder auf die Beine.

EULE

23. Nov. – 21. Dez. (N. Hem.)
21. Mai – 20. Juni (S. Hem.)

Eulen haben ein starkes Bedürfnis, sich frei auszudrücken. Sie sind lebhafte Menschen voller Selbstvertrauen und haben einen guten Blick fürs Detail. Sie sind wißbegierig und anpassungsfähig, neigen aber auch dazu, sich selbst zu überfordern. Oft sind Eulen-Menschen auch sehr mutig.

GANS

22. Dez. – 19. Jan. (N. Hem.)
21. Juni – 21. Juli (S. Hem.)

Gans-Menschen sind Idealisten mit Weitblick und bereit, das Unbekannte zu erforschen. Sie gehen das Leben mit Enthusiasmus an, entschlossen, ihre Träume zu verwirklichen. Gans-Geborene haben einen Hang zum Perfektionismus und wirken manchmal gar zu ernsthaft.

OTTER

20. Jan. – 18. Febr. (N. Hem.)
22. Juli – 21. Aug. (S. Hem.)

Otter-Geborene sind freundliche, lebhafte und einfühlsame Menschen. Durch zu viele Regeln und Vorschriften fühlen sie sich behindert; deshalb machen sie oft einen etwas exzentrischen Eindruck. Sie schätzen Sauberkeit und Ordnung und haben originelle Ideen.

WOLF

19. Febr. – 20. März (N. Hem.)
22. Aug. – 21. Sept. (S. Hem.)

Wolf-Menschen sind sensibel, intuitiv und künstlerisch veranlagt; an sie wendet man sich gern, wenn man Hilfe braucht. Sie schätzen die Freiheit und ihren Freiraum, lassen sich aber leicht von anderen beeinflussen. Sie haben eine philosophische Ader, sind vertrauensvoll und aufrichtig.

DER EINFLUSS DER HIMMELSRICHTUNGEN

DER EINFLUSS DER VIER HIMMELSRICHTUNGEN – VON DEN INDIANERN NORDAMERIKAS AUCH DIE VIER WINDE GENANNT – WIRD ÜBER INNERE EMPFINDUNGEN WAHRGENOMMEN.

Die vier Himmelsrichtungen, die »Hüter« bzw. »Behüter« des Universums, wurden von den Indianern auch als die vier Winde bezeichnet, da ihre Präsenz eher gespürt als gesehen werden kann.

RICHTUNGSTOTEMS

In der Erd-Medizin ist jeder Himmelsrichtung bzw. jedem Wind eine Jahreszeit und eine Tageszeit zugeordnet. Die herbstlichen Geburtszeiten – die Zeit der Fallenden Blätter, des Frostes und der Langen Nächte – gehören alle zum Westen und zum Abend. Die Himmelsrichtung der Geburtszeit beeinflußt die Natur der inneren Empfindungen.

Der Osten ist die Himmelsrichtung des Frühlings und des Morgens; er wird mit Licht und Erleuchtung assoziiert. Sein Totem ist der Adler – ein Vogel, der hoch zur Sonne aufsteigt und aus der Höhe alles klar sehen kann.

Der Süden ist die Himmelsrichtung des Sommers und des Nachmittags. Er steht in einem Bezug zu Wachstum und Erfüllung, Fließendem und Emotionen. Sein Totem, die Maus, gilt als Symbol für

»Denke daran … der Kreis des Himmels, die Sterne, die übernatürlichen Winde, die Tag und Nacht atmen … die vier Himmelsrichtungen.« *Lehre der Pawnee*

Fruchtbarkeit, Gefühle und für die Gabe der detaillierten Wahrnehmung.

Der Westen ist die Himmelsrichtung des Herbstes und des Abends. Er steht für Transformation – vom Tag zur Nacht, vom Sommer zum Winter – und die Fähigkeit zur Innenschau, zum Bewahren und Erhalten. Das Totem des Westens ist der Grizzlybär, der innere Kraft verkörpert.

Der Norden schließlich ist die Himmelsrichtung des Winters und der Nacht; er entspricht dem Geist und geistiger »Nahrung« – also Wissen. Sein Totem ist der von den Indianern hoch verehrte Büffel.

DER EINFLUSS DER ELEMENTE

DIE VIER ELEMENTE – LUFT, FEUER, WASSER UND ERDE – DURCHDRINGEN ALLES UND WEISEN AUF DIE NATUR DER BEWEGUNG UND DIE ESSENZ DESSEN HIN, DER DU BIST.

Die Elemente sind nicht greifbare Qualitäten, die den essentiellen Zustand oder Charakter von allem, was ist, beschreiben. In der Erd-Medizin sind die vier Elemente mit vier Grundformen der Aktivität verbunden und weisen auf unterschiedliche Aspekte des Selbst hin. Luft drückt die freie Bewegung in alle Richtungen aus; sie steht mit dem Verstand und dem Denken in Verbindung. Feuer deutet auf expansive Bewegung hin und hat einen Bezug

Elementprofil

Die Element-Konfiguration der Krähe ist Luft von Erde. Erde ist das Grundelement, Luft der Elementaspekt.

zur geistigen Ebene und zur Intuition. Wasser bedeutet Fließen; es steht mit der Seele und den Emotionen in Beziehung. Die Erde schließlich symbolisiert Stabilität und entspricht dem physischen Körper und den Empfindungen.

Zuordnung der Elemente

Auf dem Medizinrad steht jedes Element für eine Himmelsrichtung – Feuer im Osten, Erde im Westen, Luft im Norden und Wasser im Süden. Dies sind die vier Grundelemente. Dann gibt es noch die Elementaspekte, nämlich die Verbindung der vier Elemente mit den zwölf einzelnen Geburtszeiten. Sie folgen im Medizinrad zyklisch aufeinander, Grundlage ist die Einwirkung der Sonne (Feuer) auf die Erde, woraus Atmosphäre (Luft) und Kondensation (Wasser) entstehen.

Die drei Geburtszeiten, die einen Elementaspekt gemeinsam haben, gehören der gleichen Elemente-Familie bzw. einem »Klan« an und haben ein Totem, das die wesentlichen Eigenschaften aufzeigt. Krähen-Geborene gehören zum Schmetterlings-Klan (s. S. 34–35).

Elementbetonung

Bei jeder Geburtszeit dominieren normalerweise die Eigenschaften des Elementaspektes diejenigen des Grundelementes, obgleich beide zu der ganz speziellen Konfiguration beitragen (für die Krähe s. S. 34–35). Bei Falke, Specht und Otter sind das Grundelement und der Elementaspekt identisch (z. B. Luft von Luft); Menschen mit diesen Totems verleihen ihrem Element einen sehr intensiven Ausdruck.

DER EINFLUSS DES MONDES

DER ZU- UND ABNEHMENDE MOND WÄHREND DER VIER MONDPHASEN WIRKT ENTSCHEIDEND AUF DIE PERSÖNLICHKEITSBILDUNG UND DAS STREBEN DES MENSCHEN EIN.

Für die Indianer zeigten Sonne und Mond die aktiven bzw. rezeptiven, also empfangenden Energien in der Natur (s. S. 24) an. Mit ihrer Hilfe wurde auch die Zeit »gemessen«. Der Einfluß der Sonne wurde mit bewußter Aktivität, mit Verstand und Willenskraft in Verbindung gebracht; der Einfluß des Mondes stand für unbewußte Aktivität und für die emotionalen und intuitiven Aspekte der menschlichen Natur.

Der zunehmende Mond

Diese Mondphase dauert ungefähr elf Tage an. Sie leitet eine Zeit des Wachstums ein und ist somit ideal für das Entwickeln neuer Ideen und die Konzentration auf neue Projekte.

Der Vollmond

In der Vollmondphase – ungefähr drei Tage – erreicht die Kraft des Mondes ihren Höhepunkt. Jetzt kann das, was in der zunehmenden Mondphase entwickelt wurde, vollendet werden.

Die vier Mondphasen

Der 29tägige Mondzyklus ist in vier Phasen unterteilt. Jede Phase ist Ausdruck einer bestimmten Form von Energie, vergleichbar mit den Wachstumsphasen einer Blütenpflanze im Lauf der Jahreszeiten: knospen (zunehmender Mond), volle Blüte (Vollmond), verwelken (abnehmender Mond) und keimen (Neumond). Der Einfluß dieser Phasen macht sich in der Entwicklung der Persönlichkeit, aber auch im Alltag bemerkbar.

Die Energie des Mondes zum Zeitpunkt der Geburt wirkt sich stark auf die Persönlichkeit aus. So sind beispielsweise Menschen, die bei Neumond geboren wurden, eher introvertiert, während Vollmond-Geborene sich im allgemeinen stärker nach außen orientieren. Wer bei zunehmendem Mond geboren wurde, ist eher extrovertiert, wer bei abnehmendem Mond zur Welt kam, dagegen eher reserviert und zurückhaltend. Mit Hilfe einer Mondtabelle kann jeder seinen persönlichen Mondstand am Tag der Geburt herausfinden.

Auch auf den Alltag kann sich eine harmonische Einstimmung auf die Mondphasen sehr positiv auswirken. Durch bewußtes Arbeiten mit den vier Phasen lassen sich die jeweiligen Energien erfahren. Die Abbildungen und Texte unten beschreiben eine indianische Sichtweise der Auswirkungen der vier Phasen des Mondes auf das Leben des Menschen.

Der abnehmende Mond

Dies ist die Zeit für Veränderungen. Diese Phase – etwa elf Tage – eignet sich gut für Verbesserungen, Umstellungen und um unnötigen Ballast abzuwerfen.

Der Neumond

Ungefähr vier Tage lang ist der Mond vom Himmel verschwunden. Dies ist die Zeit für kontemplative Betrachtung des Erreichten und für das Keimen von Neuem.

DER EINFLUSS DES ENERGIEFLUSSES

DAS MEDIZINRAD SPIEGELT DAS VOLLKOMMENE GLEICHGEWICHT DER AKTIVEN UND REZEPTIVEN ENERGIEN WIDER, DIE EINANDER IN DER NATUR ERGÄNZEN.

Energie durchfließt die Natur auf zwei komplementäre Arten, die man als aktiv und rezeptiv bzw. männlich und weiblich bezeichnen kann. Das aktive Energieprinzip hat einen Bezug zu den Elementen Feuer und Luft, das rezeptive Prinzip zu Wasser und Erde.

Bei allen zwölf Geburtszeiten ist eine aktive oder rezeptive Energie mit dem jeweiligen Elementaspekt verbunden. Die beiden Energieprinzipien wechseln einander auf dem Medizinrad ab und schaffen so ein Gleichgewicht von aktiven und rezeptiven Energien, wie es auch in der Natur besteht.

Aktive Energie entspricht der Sonne und bewußtem Handeln. Unter diesem Prinzip geborene Menschen streben nach Erfahrung. Sie sind begrifflich orientiert, tatkräftig, extrovertiert, praktisch veranlagt und denken analytisch. Die rezeptive Energie wird mit dem Mond in Verbindung gebracht sowie mit unbewußtem Handeln. Solche Menschen lassen Erfahrungen lieber auf sich zukommen. Sie sind intuitiv, nachdenklich und emotional veranlagt, wollen umsorgen und bewahren.

DAS WAKAN-TANKA

Im Herzen des Medizinrades liegt in einem Kreis die S-Form, das Symbol für die Quelle, die allem Leben spendet, was auch immer eine physische Form annimmt – scheinbar aus dem Nichts. Die Prärie-Indianer Nordamerikas nannten es Wakan-Tanka – die Große Macht. Diese Kraft läßt sich auch als Energie verstehen, die Form annimmt, oder als Form, die wieder zu Energie wird – im unendlichen Fluß des Lebens.

DIE KRÄHE

DEIN PERSÖNLICHKEITS-PROFIL

JAHRESZEIT DER GEBURT
ZEIT DER FALLENDEN BLÄTTER

DIE BESINNLICHE NATUR DES HERBSTES VERLEIHT DEN MENSCHEN, DIE JETZT GEBOREN WERDEN, IHRE FÄHIGKEIT ZUR INNENSCHAU UND IHRE AUSGEGLICHENHEIT.

Die Zeit der Fallenden Blätter gehört zu den zwölf Geburtszeiten, die das Jahr in zwölf Jahreszeiten-Abschnitte unterteilen (s. S. 12–13). In dieser ersten Periode des Herbstzyklus nimmt die Kraft der Sonne ab, und die Natur bereitet sich auf ihre Ruhephase vor. Die Bäume verlieren ihre Blätter, und viele Tiere legen Vorräte für den Winter an.

Alle Lebewesen legen sich jetzt Reserven zu, um sich auf die unfruchtbaren Monate vorzubereiten, die nun vor ihnen liegen. Auch die Menschen, die in dieser Zeit zur Welt kommen, haben eine nach innen gerichtete, kraftvolle Natur; auch sie brauchen regelmäßige Ruhephasen, um ihre »Batterie« wieder aufzuladen. In dieser Zeit sind die Tage und die Nächte gleich lang. Dieses Gleichgewicht in der Natur spiegelt sich in der Ausgeglichenheit der Krähen-Menschen wider; sie erkennen das Gute an einer Situation genauso wie das Schlechte und schaffen gern Harmonie zwischen Menschen.

EINFLUSS DER NATUR

Die charakteristischen Eigenschaften der Natur zu diesem Zeitpunkt zeigen sich auch in der Natur des Menschen, der in dieser Zeit das Licht der Welt erblickt.

Dies ist eine Zeit der Dankbarkeit für all das, was die Natur uns das Jahr über geschenkt hat, sowie eine Zeit der Besinnung und der inneren Einkehr. Krähen-Geborene wissen die Vorzüge anderer Menschen zu schätzen und gehen rücksichtsvoll und bedacht mit ihnen um.

Lebensphase

Diese Zeit des Jahres entspricht den mittleren Lebensjahren. Entwicklungsgeschichtlich ist dies eine Zeit der Festigung: Jetzt können wir das Wissen und die Fähigkeiten, die wir in der ersten Lebenshälfte erworben haben, schätzen. Es ist eine Phase der Besinnung und der Bewertung des bisher Erreichten; Selbstvertrauen und innere Kraft nehmen zu.

Sein Potential verwirklichen

Krähen-Menschen sehnen sich nach Ausgewogenheit und Gerechtigkeit und haben daher ein starkes Bedürfnis, ihre Handlungen zu rechtfertigen. Außerdem teilen sie gern ihr Glück mit anderen und blühen in einer harmonischen Umgebung richtig auf.

Da sie viel Verständnis für alle Standpunkte und alle Arten von Menschen haben, sind sie gesellig und bei ihren Freunden sehr beliebt. Im Beruf leisten sie vor allem im Team hervorragende Arbeit; ihr Verhandlungsgeschick ist außergewöhnlich. Allerdings müssen sie darauf achten, in diplomatischen »Missionen« nicht vor lauter Harmoniestreben und Fairneß ihren Gerechtigkeitssinn und ihre Ideale zu vernachlässigen. Sie sollten auf ihre inneren Ressourcen zurückgreifen und so mehr Ausdauer und Beharrlichkeit entwickeln.

Die Energie der Natur

In diesem ersten Herbstzyklus nach der Herbst-Tagundnachtgleiche beginnt die Ruhephase der Natur. Die Bäume verlieren ihre Blätter, viele Tiere suchen sich ein Winterquartier und sammeln Vorräte für die kargen Monate.

»Das Leben ist ein Kreis von Kindheit zu Kindheit; so ist es mit allem, in dem Kraft fließt.« *Lehre des Black Elk*

DAS GEBURTSTOTEM
DIE KRÄHE

DAS WESEN UND DAS CHARAKTERISTISCHE VERHALTEN DER KRÄHE SIND AUSDRUCK DER PERSÖNLICHKEIT VON MENSCHEN, DIE IN DER ZEIT DER FALLENDEN BLÄTTER GEBOREN WERDEN.

Wie ihr Totemtier, die Krähe, haben Menschen, die in der Zeit der Fallenden Blätter geboren werden, ein anpassungsfähiges, loyales und geselliges Wesen. Sie sind unvoreingenommen, diskret und rücksichtsvoll und fühlen sich in einer ordentlichen, freundlichen Umgebung wohl.

Mit ihrer ungezwungenen und diplomatischen Art sind Krähen-Menschen ausgesprochen gesellig und arbeiten lieber im Team als allein. Ihrer vorbildlichen Diskretion wegen werden sie von anderen gern ins Vertrauen gezogen und gelten allgemein als loyale Freunde und Kollegen. An Menschen und Situationen gehen sie mit Umsicht heran und beziehen grundsätzlich alle Seiten und alle Möglichkeiten in ihre Überlegungen mit ein.

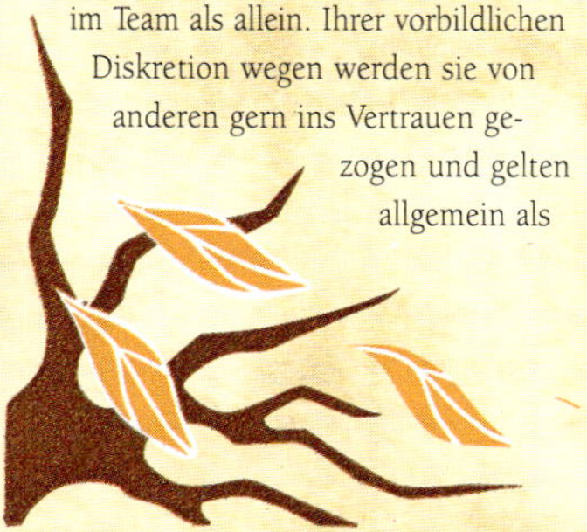

Ihr Harmoniebedürfnis und ihr Bemühen um Fairneß machen sie jedoch oft unentschlossen und übervorsichtig. Diese Zögerlichkeit läßt sie manche Chance verpassen und kann Freunde und Kollegen irritieren. Wenn sie sich weniger darum bemühen, es anderen recht und ja keine Fehler zu machen, kommen sie der Erfüllung ihrer Träume ein gutes Stück näher.

Krähen-Stärke

Die lebhafte, gesellige Natur der Krähe bringt auch die kooperative Seite und den »Herdentrieb« der freundlichen, gesprächigen Krähen-Menschen zum Ausdruck.

Gesundheit

Unter dem Totem der Krähe geborene Menschen sind zumeist fröhlich, zufrieden und ausgeglichen, reagieren allerdings schnell deprimiert und mürrisch, wenn andere unordentlich oder unfreundlich sind. Dann können Muskelprobleme im Bauchraum und im unteren Rücken auftreten. Solchen Situationen sollten sie sich entziehen, sich entspannen und ihre Energie wieder aufladen. Außerdem sind sie anfällig für Verdauungsstörungen und sollten deshalb nicht zu sehr in leiblichen Genüssen schwelgen.

DIE KRÄHE UND BEZIEHUNGEN

Die fröhlichen und geselligen Krähen-Menschen sind sehr beliebt sowie romantische und anpassungsfähige Partner, manchmal jedoch auch wankelmütig.

Wie ihr Totem-Tier brauchen die geselligen, extrovertierten Krähen-Geborenen Gesellschaft. In der Gruppe laufen sie zu Höchstform auf; sie arbeiten gern im Team und genießen das Zusammensein mit Freunden. Dank ihres Harmoniebedürfnisses sind sie geschickte Diplomaten, schlichten Streit und schaffen eine positive Atmosphäre. Doch mit ihrer Anpassungsfähigkeit und ihrem ausgeprägten Bedürfnis, Konflikte zu vermeiden, können sie auch ihre Integrität und Individualität aufs Spiel setzen.

Liebesbeziehungen

Die romantischen Krähen-Menschen sind in die Liebe verliebt, fühlen sich von echten Beziehungen, die ja alles andere als perfekt sind, jedoch leicht enttäuscht. Der Krähen-Mann ist ein Charmeur – rücksichtsvoll, aber wankelmütig; die Krähen-Frau ist verführerisch, läßt aber ihr Herz nicht über ihren Verstand regieren. Beide sind zumeist sexuell sehr aktiv.

Zu Problemen kann ihre zeitweilige Launenhaftigkeit führen – dann werden sie stur oder verdrießlich. Es fällt ihnen auch schwer, Selbstverantwortung zu übernehmen, was in Beziehungen zu einem Ungleichgewicht führen kann.

Umgang mit der Krähe

Krähen-Menschen sind charmante, anpassungsfähige und tolerante Zeitgenossen und deshalb meist eine angenehme Gesellschaft. Im Umgang mit ihnen sollte man schnell auf den Punkt kommen, denn Unklarheit mögen sie gar nicht. Sie reagieren sensibel auf eine ungute Stimmung und werden dann schnell mürrisch und reizbar. Krähen-Geborene sind vertrauenswürdig und diskret, ihre Freundlichkeit ist allerdings eher unverbindlich.

DIE KRÄHE UND DIE LIEBE

Krähe und Falke: Die Impulsivität des Falken mag nicht zur geduldigen Art der Krähe passen, sie können sich aber gegenseitig inspirieren.

Krähe und Biber: Nicht unbedingt eine weltbewegende Beziehung, doch der Biber kann der Krähe beim Erreichen ihrer Ziele helfen; dafür kann die Krähe mit ihrem Charme den Biber aus seinem Trott herausreißen.

Krähe und Hirsch: Schlüssel für diese Beziehung ist die Bereitschaft, die Schwächen des Partners zu akzeptieren.

Krähe und Specht: Beide haben eine romantische Ader; die Krähe muß sehr taktvoll mit der Eifersucht des Spechtes umgehen; der Specht wiederum darf die Krähe nicht erdrücken.

Krähe und Lachs: Diese Beziehung kann ein Abenteuer sein. Doch beide unterstützen sich gegenseitig, deshalb dürfte ihnen die Zeit nichts anhaben.

Krähe und Braunbär: Eine warmherzige Partnerschaft; beide sind offen und ungezwungen, müssen sich aber Mühe geben, den Funken der Leidenschaft am Glühen zu halten.

Krähe und Krähe: Das müßte klappen, denn beide brauchen sexuelle Befriedigung und eine stabile Freundschaft; deshalb unterstützen sie sich gegenseitig.

Krähe und Schlange: Die ungezwungene Krähe findet die Intensität der Schlange schmeichelhaft, aber beunruhigend. Damit es klappt, müssen beide Kompromisse eingehen.

Krähe und Eule: Die Krähe braucht Verbindlichkeit, die Eule haßt Einschränkungen; doch wenn sie über die anfängliche Anziehung hinauskommen, passen sie gut zusammen.

Krähe und Gans: Dieses Paar braucht Geduld, sowohl im Liebesleben als auch im Alltag.

Krähe und Otter: Eine vielversprechende Verbindung; beiden fällt Vertrautheit leicht, doch die unsteten Anwandlungen des Otters sind für die Krähe eine Prüfung.

Krähe und Wolf: Beide sind fasziniert von der ganz unterschiedlichen Sensibilität des anderen; sie haben verschiedene Lebensauffassungen, doch ihre Zuneigung hält sie zusammen.

DAS RICHTUNGSTOTEM
DER GRIZZLYBÄR

DER GRIZZLYBÄR SYMBOLISIERT DEN EINFLUSS DES WESTENS AUF KRÄHEN-GEBORENE, DIE MIT HILFE IHRER INNEREN FÜHRUNG DIE RICHTUNG IHRES LEBENS BESTIMMEN KÖNNEN.

Die Zeit der Fallenden Blätter, des Frostes und der Langen Nächte liegen auf dem Medizinrad alle in dem Viertel, das dem Westen bzw. dem Westwind zugeordnet ist.

Der Westen entspricht dem Herbst und der Abenddämmerung. Er hat einen Bezug zu Innenschau, Festigung, Reife und zu der Weisheit, die aus der Erfahrung hervorgeht. Die Kraft des Westens wirkt sich vorwiegend auf die physische Ebene aus; es ist vor allem die Kraft des Haltens. Sein Totem ist der selbständige Grizzlybär.

Der besondere Einfluß des Westens auf Krähen-Menschen zeigt sich in der Klarheit ihrer Absichten. Dadurch können sie ein besseres Gespür für ihre Ziele im Leben entwickeln und die richtigen Einsatzmöglichkeiten für ihre Talente finden. Der Westen steht auch für Anpassungsfähigkeit und die Vermittlung von Wissen.

Grizzlybär-Schale

Diese Holzschale der Tlingit wurde in Form eines Bären geschnitzt, der innere Stärke verkörpert.

Grizzly-Eigenschaften

Der mächtige Grizzlybär bereitet sich im Herbst sorgfältig auf den Winterschlaf vor; er baut seine inneren Kraftressourcen auf, damit er im Frühling wieder erwacht. So wurde er für die Indianer zum Symbol für innere Kraft und Selbstvertrauen. Der Grizzlybär galt als seiner selbst gewahr, denn er schien seine Handlungen wohl zu überlegen. Als Totemtier ermuntert er uns, nach innerer Führung zu suchen und aus der Vergangenheit zu lernen, um so weise Entscheidungen zu treffen.

Menschen, deren Richtungstotem der Grizzlybär ist, sind zumeist ausdauernd, entschlossen, sich ihren Schwächen zu stellen, und außerdem mutig genug, aus eigener Erfahrung zu lernen.

Der Geist des Westens
Der Grizzlybär, das Totem des Westens, symbolisiert Besinnung und Selbstvertrauen.

DAS ELEMENTTOTEM
DER SCHMETTERLING

WIE DER SCHMETTERLING, DER VON ORT ZU ORT FLATTERT, HABEN AUCH KRÄHEN-MENSCHEN EINE RASTLOSE NATUR; SIE BRAUCHEN ABWECHSLUNG UND HANDLUNGSSPIELRAUM.

Der Elementaspekt der Krähe – wie auch der des Hirsches und des Otters – ist Luft. Alle drei Zeichen gehören also zur gleichen Elemente-Familie bzw. zu einem »Klan« (s. »Der Einfluß der Elemente«, S. 20–21).

DER SCHMETTERLINGS-KLAN

Das Totem jedes Klans gibt Einblick in die wesentlichen Eigenschaften. Das Totem des Elemente-Klans Luft ist der Schmetterling; er steht für eine lebhafte, rastlose und wechselhafte Natur.

Der Schmetterling flattert von hier nach da, immer auf der Suche nach Abwechslung; er läßt sich nur in einer harmonischen Atmosphäre nieder. Wer zu diesem Klan gehört, hat also eine lebhafte Persönlich-

Freiheit des Wandels
Der Schmetterling symbolisiert die Grundeigenschaft des Elements Luft: freie Bewegung.

keit und ist dauernd in Bewegung – körperlich, geistig und emotional.

Menschen des Schmetterlings-Klans sind geistesgegenwärtig, nachdenklich und phantasievoll – immer voller Ideen, die sie begeistert weitererzählen. Sie lassen sich nur sehr ungern einschränken – körperlich wie auch geistig. Sie sind schnell und ungeduldig, sehnen sich nach Anregungen und Ausdrucksmöglichkeiten.

Luft von Erde

Das Element Luft nährt die Erde, was Offenheit und Zuverlässigkeit hervorbringt.

Elementprofil

Bei Krähen-Menschen wird der vorherrschende Elementaspekt – wechselhafte Luft – durch die Eigenschaften des Grundelements – beständige Erde – maßgeblich beeinflußt. Wer in dieser Zeit geboren wurde, sprüht also meist vor Energie, ist aber auch verläßlich und ausdauernd. So kann er seine Ziele trotz Schwierigkeiten und Enttäuschungen weiterverfolgen. Krähen-Menschen können aufgrund ihres Dranges nach Veränderung (Luft-Element), gepaart mit dem Wunsch nach Stabilität (Erde), unentschlossen wirken. Ihr Harmoniestreben und ihre Neutralität lassen sie manchmal nur schwer die eigenen Bedürfnisse erkennen; das kann Frustration und Ärger auslösen.

In solchen Zeiten oder wenn du dich einmal niedergeschlagen fühlst und dir die nötige Energie fehlt, kann die folgende Revitalisierungs-Übung helfen: Du suchst dir einen ruhigen Platz im Freien – abseits von Verkehrslärm und der alltäglichen Hektik der Umwelt. Dort stellst oder setzt du dich entspannt hin und nimmst dir die Zeit, einfach ein paar Minuten lang langsam und tief durchzuatmen.

Bei jedem Einatmen machst du dir bewußt, daß du erquickende Lebenskraft in dich aufnimmst, die von jeder Zelle absorbiert wird und somit deinen ganzen Körper erfrischt, belebt und mit neuer Energie auflädt.

STEIN-AFFINITÄT
AZURIT

MIT HILFE DES EDELSTEINS, DER MIT UNSEREM UREIGENEN WESEN IN RESONANZ STEHT, KÖNNEN WIR UNS DIE KRAFT DER ERDE ERSCHLIESSEN UND UNSERE INNEREN STÄRKEN ERWECKEN.

Edelsteine sind in der Erde entstandene Mineralien; dieser Prozeß verläuft äußerst langsam, aber kontinuierlich. Die Indianer schätzten diese Steine nicht nur wegen ihrer Schönheit, sondern auch weil sie buchstäblich Teil der Erde sind und somit deren Lebenskraft in sich tragen. Für sie waren Edelsteine »lebendige« Energieleitsysteme, die auf unterschiedlichste Weise eingesetzt werden konnten – zum Heilen, zum Schutz oder zum Meditieren.

Polierter Azurit

Der Azurit – hier mit Malachit-Bändern durchzogen – soll das Selbstvertrauen stärken.

Jeder Edelstein hat eine spezifische Energie bzw. Schwingung. Auf dem Medizinrad wird jeder Geburtszeit ein Stein zugeordnet, dessen Energie in Resonanz steht mit dem Wesen der in dieser Zeit geborenen Menschen. Durch diese »Seelen-Verwandtschaft« kann der jeweilige Stein den Menschen in Harmonie mit der Erde bringen und sein inneres Gleichgewicht wiederherstellen. Er kann gute Eigenschaften verstärken und weiterentwickeln und ihm die Fähigkeiten verleihen, die er benötigt.

ENERGIERESONANZ

Krähen-Menschen haben eine Affinität zum Azurit, einem Kupfermineral von lichtundurchlässigem Blau; oft ist er von Malachit-Bändern durchzogen. Die Unreinheiten im Azurit machen ihn nur noch schöner – ein wichtiger Hinweis für Krähen-Menschen, die begreifen müssen, daß selbst etwas Unvollkommenes seinen

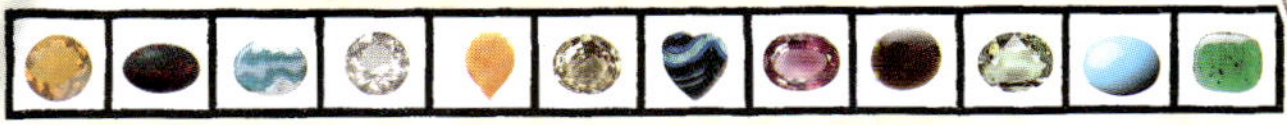

DEINEN STEIN AKTIVIEREN

Der Azurit wird unter fließendem kaltem Wasser gereinigt und sollte dann an der Luft trocknen. Danach führst du ihn mit beiden Händen zum Mund und bläst drei- bis viermal kräftig darauf, um ihn so mit deinem Atem zu durchdringen und zu prägen.

Jetzt nimmst du den Stein fest in die Hand und heißt ihn still als Freund und Helfer in deinem Leben willkommen.

Wenn dir etwas nicht klar ist oder du vor einem Problem stehst, kannst du mit dem Azurit darüber meditieren. Dazu suchst du dir ein ruhiges, ungestörtes Fleckchen, setzt dich hin und nimmst den Stein in die rechte Hand – deine »Aktivitäts-Hand«. Dann konzentrierst du dich auf das Problem und öffnest dich der Klarheit, die dein »Seelen-Stein« dir bringen kann. Hör auf die leise Stimme deines Inneren Selbst.

Wert und sein Potential haben kann. Für die Indianer war der Azurit heilig. Sie glaubten, daß der Stein Menschen helfen kann, sich auf die höheren Ebenen ihres Wesens einzustimmen und sie im Alltag umzusetzen. Der Azurit wurde auch zur Entgiftung eingesetzt und um Energieblockaden aufzulösen.

Krähen-Geborenen kann der Azurit helfen, bewußter zu werden – vor allem in bezug auf sich selbst. Der Stein fördert Klarheit und Einsicht; so kann er eine wertvolle Hilfe sein, wenn sie um des lieben Friedens willen die eigenen Prinzipien aus den Augen verlieren. Mit einem Azurit können Krähen-Menschen auch ihre Unentschlossenheit besser in den Griff bekommen.

Die Macht des Azurits

Du solltest immer einen Azurit tragen, damit sich die positive Wirkung des Steins voll entfalten kann – ein Azurit-Ring kommt an die rechte Hand.

»Die Kontur des Steines ist rund; die Macht des Steines ist unendlich.« *Lehre der Lakota-Sioux*

BAUM-AFFINITÄT
WEINREBE

WER SICH MIT SEINEM »SEELEN-BAUM« VERBINDET, GELANGT ZU EINEM TIEFEREN VERSTÄNDNIS SEINER EIGENEN NATUR UND KANN DIE IN IHM SCHLUMMERNDEN KRÄFTE WECKEN.

Bäume sind von außerordentlich großer Bedeutung für die Erhaltung der Natur und des atmosphärischen Gleichgewichts – eine wesentliche Voraussetzung für das Überleben der ganzen Menschheit.

Die Indianer bezeichneten Bäume als das »Stehende Volk«, denn sie stehen fest und sicher da und beziehen ihre Kraft aus der Verbindung mit der Erde. So lehren sie uns Menschen, wie wichtig es ist, geerdet zu sein und zugleich nach höheren Werten zu streben. Wer Bäume als lebendige Wesen achtet, kann mit ihrer Hilfe Einsicht in die Abläufe in der Natur und auch im eigenen Inneren gewinnen.

Auf dem Medizinrad wird jeder Geburtszeit ein bestimmter Baum zugeordnet, dessen Grundeigenschaften das Wesen der in dieser Zeit geborenen Menschen mit beeinflussen. Der »Baum« der Krähen-Menschen ist die Weinrebe. Diese kräftige Kletterpflanze gedeiht noch besser, wenn sie einen Halt findet. Auch Krähen-Menschen wachsen in einer Partnerschaft über sich selbst hinaus. Der aus der Rebe gewonnene Wein bringt Leben in manche gesellige Runde und entspannt – in dieser Hinsicht gibt es also ebenfalls Ähnlichkeiten zwischen dieser Pflanze und den kon-

DICH MIT DEINEM BAUM VERBINDEN

Schätze die Schönheit deines Seelen-Baumes; lerne seine Natur kennen, denn sie entspricht deiner eigenen.

Die Weinrebe ist eine kräftige Kletterpflanze mit einem Holzstamm; sie gedeiht in einem warmen Klima. Wenn sie Halt findet, kann sie mit ihren großen, schönen Blättern zu einem willkommenen Schattenspender werden. Manche Rebarten tragen Trauben zum Essen, andere nur zum Keltern.

Die folgende Übung kann dir helfen, deine innere Kraft neu zu beleben: Du stehst neben deinem »Seelen-Baum«, legst die Handflächen an die Pflanze oder nimmst fest und doch sanft ein Blatt in jede Hand. Dann atmest du langsam ein und spürst, wie die Energie aus den Wurzeln durch deinen Körper strömt. Du kannst dir auch einen Zweig oder ein Stück Holz deines Seelen-Baumes besorgen und als Totem und Helfer zu Hause aufbewahren.

taktfreudigen Krähen-Geborenen. Wenn es zu Reibungen oder Mißverständnissen kommt, können Krähen-Menschen durch die Verbindung mit ihrem Baum (s. Kasten oben) zu mehr Harmonie beitragen.

Beharrlicher Ehrgeiz

Krähen-Geborene sind idealistische Menschen und haben jede Menge Energie, können manchmal jedoch auch ein wenig frivol und unentschlossen sein; damit bringen sie sich um manches Erfolgserlebnis. Außerdem sollten sie darauf achten, daß sie sich von ihrem ausgeprägten Harmoniebedürfnis nicht zu unangebrachten Kompromissen verleiten lassen.

So wie die Weinrebe Hindernisse überwindet, um zu wachsen und zu gedeihen, können auch Krähen-Geborene mit Durchhaltevermögen letztendlich ihre Ziele erreichen. Sie können Zugang zur Kraft und Beharrlichkeit des Weinstocks finden und mit seiner Hilfe ihre inneren Kraftreserven auffüllen und erneuern. Das wird ihnen helfen, ihre Wünsche und Träume zu verwirklichen.

»Alle Heilpflanzen werden uns von Wakan-Tanka geschenkt; deshalb sind sie heilig.« *Lehre der Lakota-Sioux*

FARB-AFFINITÄT
BLAU

WER SEINE POSITIVEN EIGENSCHAFTEN VERSTÄRKEN MÖCHTE, KANN MIT HILFE DER »SEELEN-FARBE« SEINEN EMOTIONALEN UND MENTALEN ZUSTAND GÜNSTIG BEEINFLUSSEN.

Jede Geburtszeit hat eine Affinität zu einer bestimmten Farbe, die am besten mit den Energien der Menschen harmoniert, die in dieser Zeit geboren werden. Diese Farbe hat einen positiven Einfluß auf die emotionale und mentale Ebene des Menschen; Farben, die nicht zur Seelen-Farbe passen, haben dagegen eher negative Auswirkungen.

Die Farbe der Krähen-Menschen ist Blau. Diese Grundfarbe wird nicht von anderen Farben beeinflußt und steht für Spiritualität und intuitive Weisheit. Blau ist eine ruhige, unaufdringliche Farbe; sie verkörpert Innenschau, Harmonie und ein starkes Pflichtgefühl. Blau symbolisiert auch Ruhe und Gelassenheit, Bewegungs- und Gedankenfreiheit und läßt an

Farbsystem

Blau sollte als Grundfarbe in der Wohnung vorherrschen, von der ganzen Ausstattung, dem Geschirr und den Accessoires bis hin zu den Wänden und Fußböden.

DEINE FARBE EINATMEN

Leg einen kleinen, vollkommen blauen Gegenstand – einen Stein, einen Briefbeschwerer oder etwas Ähnliches – in die Nähe eines offenen Fensters. Dann stellst du dich – die Füße leicht auseinander, damit das Gewicht gleichmäßig verteilt ist – so davor, daß du ihn gut sehen kannst.

Konzentrier dich ganz auf die Farbe. Atme langsam durch die Nase ein, und stell dir vor, daß die Luft, die du einatmest, so blau ist wie dieser Gegenstand. Dann hältst du den Atem ein paar Sekunden lang an und spürst, wie die Farbe jede einzelne Körperzelle mit Energie auflädt. Jetzt atmest du langsam wieder aus. Nach einer kleinen Pause wird diese rhythmische Farbatmung wiederholt – insgesamt drei bis vier Minuten lang –, damit sie ihre positive Wirkung voll entfalten kann.

Integrität, Aufrichtigkeit, Offenheit, Idealismus, Zusammenarbeit, Mitgefühl und die Hingabe an höhere Ziele denken.

FARB-WIRKUNG

Mit Blautönen in der Wohnung können Krähen-Menschen ihre Aura und ihre positiven Eigenschaften verstärken. Ein paar Farbtupfer machen schon einen großen Unterschied. Ein blauer Lampenschirm oder eine dekorative blaue Schale oder Vase können z. B. die Atmosphäre im Zimmer verändern. Oder du probierst es mit einem blau gemusterten Teppich oder blauen Kissen auf dem Sofa.

Wer sein Selbstvertrauen stärken will, kann ein Kleidungsstück in seiner Farbe tragen. Wenn du dich einmal erschöpft fühlst und dir die nötige Energie fehlt, kann dir die oben beschriebene Farbatmung helfen, emotional wieder ins Gleichgewicht zu kommen, die Kreativität anzuregen und dich einfach rundum besser zu fühlen.

»Der Macht des Geistes sollte Ehre erwiesen werden mit seiner Farbe.« *Lehre der Lakota-Sioux*

DER LEBENSWEG

DAS GEBURTSPROFIL KANN ALS AUSGANGSPUNKT FÜR DIE CHARAKTERLICHE ENTWICKLUNG UND DEN WEG ZU PERSÖNLICHER ERFÜLLUNG BETRACHTET WERDEN.

Jede der zwölf Geburtszeiten entspricht auch einem bestimmten Lernprozeß bzw. bestimmten »Lektionen«, die uns das Leben abverlangt. Wer sich auf diesen Lernprozeß einläßt, kann Stärken statt Schwächen entwickeln, in größerer Harmonie mit der Welt und den Menschen leben und zu innerem Frieden finden.

DER LERNPROZESS DER KRÄHE

Die erste Lektion für Krähen-Menschen besteht darin, ein Gefühl für ihre Individualität und Unabhängigkeit zu entwickeln. Ihre gesellige und unkomplizierte Art und ihre Fähigkeit, Dinge aus allen möglichen Blickwinkeln zu betrachten, können ihr Identitätsgefühl beeinträchtigen; dann stellen sie ihre eigenen Bedürfnisse ganz zurück. Krähen-Geborene müssen darauf achten, nicht vor lauter Harmoniestreben und Freude am Dazu-Gehören ihre Integrität aufs Spiel zu setzen und es nicht immer allen recht machen zu wollen.

»Der Weg jedes Menschen zeigt sich in seinem Herzen. Dort sieht er die ganze Wahrheit des Lebens.« *Lehre der Cheyenne*

Krähen-Menschen müssen auch ihre Unentschlossenheit überwinden. Ihr angeborener Gerechtigkeitssinn und ihre Fähigkeit, alle möglichen Aspekte einer Situation wahrzunehmen, machen es ihnen oft schwer, sich für eine bestimmte Richtung oder einen bestimmten Menschen zu entscheiden. Wenn wieder einmal eine Entscheidung ansteht, sollten sie versuchen, die Zeit des Abwägens von vornherein zu begrenzen und dann ihrer Überzeugung gemäß zu handeln.

Die dritte Lektion für Krähen-Menschen heißt: mehr Prinzipien für ihr Leben entwickeln. Durch integres Handeln gewinnen sie den Respekt der anderen und stärken das eigene Selbstwertgefühl. Mehr Selbstvertrauen macht sie wiederum weniger anfällig für ihren Hang, sich der Meinung der Mehrheit anzuschließen und Entscheidungen zu umgehen. Dann können sie die volle Verantwortung für ihr Leben übernehmen.

DIE ARBEIT MIT DEM MEDIZINRAD

DIE MACHT DER MEDIZIN

DIE KRAFT DER ANDEREN ELF GEBURTSZEITEN SOLLTE GENUTZT WERDEN, UM SCHWÄCHEN IN STÄRKEN ZU TRANSFORMIEREN UND DEN HERAUSFORDERUNGEN DES LEBENS ENTGEGENZUTRETEN.

Auf dem Medizinrad ist das ganze Spektrum menschlicher Eigenschaften und Fähigkeiten repräsentiert. Die Totems und Affinitäten jeder Geburtszeit weisen auf die Grundeigenschaften der in dieser Zeit geborenen Menschen hin.

Komplementär-Affinität
Die Fähigkeit, entschlossen zu handeln, ist beim Falken stärker ausgeprägt als bei der Krähe.

Wer wissen möchte, welche seiner Persönlichkeitsaspekte gestärkt werden müßten, sollte sich zuerst mit seinem »Lernprozeß« befassen (s. S. 42–43). Danach läßt sich anhand der anderen Geburtszeiten herausfinden, welche Totems und Affinitäten bei dieser Aufgabe helfen könnten. Das Elementprofil der Krähe ist Luft von Erde (s. S. 34–35); zum Ausgleich brauchen Krähen-Geborene die Anpassungsfähigkeit des Wassers und die Begeisterungsfähigkeit des Feuers. Das Elementprofil des Spechts ist Wasser von Wasser, das des Lachses Feuer von Wasser; über diese Geburtstotems sollten Krähen-Geborene meditieren. Auch die Profile der beiden anderen Zeichen des eigenen Elemente-Klans können hilfreich sein – Hirsch und Otter; so läßt sich herausfinden, wie der gleiche Elementaspekt unterschiedlich zum Ausdruck kommen kann.

Eine weitere Hilfe kann das gegenüberliegende Geburtstotem sein; es weist charakteristische Eigenschaften auf, die das eigene Totem ergänzen. Das ist die sogenannte »Komplementär-Affinität«, für die Krähe also der Falke.

WESENTLICHE STÄRKEN

Nachfolgend werden die wesentlichen Stärken der einzelnen Geburtstotems beschrieben. Wer eine schwach ausgebildete oder in einer bestimmten Situation benötigte Eigenschaft verstärken möchte, kann über das Geburtstotem meditieren, das diesem Wesenszug entspricht. Beschaff dir etwas, was dieses Totem verkörpern kann – eine Klaue, einen Zahn, eine Feder, ein Bild oder einen Ring. Laß so die Kraft, die es symbolisiert, zu deiner eigenen werden.

Falken-Medizin steht für die Kraft der scharfen Beobachtung und die Fähigkeit, entschlossen und tatkräftig zu handeln, wann immer das nötig ist.

Biber-Medizin entspricht der Gabe des kreativen und lateralen Denkens; so lassen sich alternative Möglichkeiten entwickeln, Dinge zu betrachten oder auch zu tun.

Hirsch-Medizin zeichnet sich aus durch ein sicheres Gespür für die Absichten anderer Menschen und für alles, was dem eigenen Wohlbefinden schaden könnte.

Specht-Medizin beinhaltet die Fähigkeit, einen beständigen Rhythmus im Leben zu entwickeln und beharrlich das zu schützen, was einem lieb und teuer ist.

Lachs-Medizin steht für die Stärke, mit Mut und Entschlossenheit seine Ziele auszuwählen und genug Ausdauer aufzubringen, um eine Aufgabe bis zum Ende zu verfolgen.

Braunbär-Medizin verkörpert große Energie und die Fähigkeit, hart zu arbeiten, in Zeiten der Not anderen ein verläßlicher Freund zu sein und aus seiner inneren Kraft zu schöpfen.

Krähen-Medizin entspricht der Fähigkeit, negative oder unproduktive Situationen in positive umzuwandeln und sich über Grenzen hinwegzusetzen.

Schlangen-Medizin steht für das Talent, sich veränderten Umständen leicht anpassen zu können und Übergangsphasen gut in den Griff zu bekommen.

Eulen-Medizin beinhaltet die Kraft, in Zeiten der Unsicherheit klar zu sehen und sein Leben konsequent nach seinen langfristigen Plänen auszurichten.

Gans-Medizin entspricht dem Mut, sich seine Ideale unter allen Umständen zu bewahren und sich im Leben an seine Prinzipien zu halten.

Otter-Medizin verkörpert die Fähigkeit, sich mit seinem Inneren Kind zu verbinden, innovative und idealistische Ansätze zu vertreten und die Routine des Alltags voll und ganz zu genießen.

Wolf-Medizin steht für den Mut, sich eher nach seiner Intuition und seinem Instinkt zu richten als nach seinem Intellekt und Mitgefühl für andere Menschen aufzubringen.

WOLF
OTTER
GANS
EULE
SCHLANGE
KRÄHE